AF497333

TARIF GENERAL

DES ESPECES AYANT COVRS

à la piece , conformément à l'Arreſt du Conſeil d'Eſtat du 7. Decembre 1665.

ENSEMBLE

CELVY DES ESPECES

legeres & décriées, ſuiuant l'Arreſt du Conſeil du 6. Feurier 1666. & celuy de la Cour des Monoyes du 5. Auril enſuiuant; & du prix que les Maiſtres des Monoyes & Changeurs doiuent en payer aux particuliers qui les porteront dans les Hoſtels des Monoyes.

Imprimé de l'ordre de Meſſieurs de la Cour des Monoyes.

A PARIS,

Par Sebastien Cramoisy, & Sebastien Mabre-Cramoisy, ſeuls Imprimeurs du Roy pour les Monoyes.

M. DC. LXVI.

Auec Priuilege de ſa Majeſté.

LES IMPRIMEVRS
AV LECTEVR.

SI les Tarifs qui ont paru depuis l'Ar-
rest du Conseil du 7. Decembre de l'an-
née passée, estoient corrects, celuy-ci seroit
inutile. Mais quoique le nombre de ces Ta-
rifs soit presque infini, il est pourtant vray
qu'il n'y en a pas vn qui ne soit plein de
fautes si lourdes, qu'ils doiuent tous don-
ner autant de confusion à ceux qui les ont
dressez, qu'à ceux qui les ont imprimez;
Iusques-là qu'vn de ces excellens chiffreurs
a tiré l'Escu d'or à 5. liures 12. sols 6. de-
niers, & vn autre se trompe seulement de
plus de deux mille liures sur vne somme
assez mediocre. Pour ne pas souffrir que l'on
abuse plus longtemps le public, on a creu
deuoir apporter remede à ce desordre par le
Tarif que Messieurs de la Cour des Monoyes
ont fait dresser, & qui est d'autant plus vtile,
qu'il est accompagné de l'cualuation des espe-
ces legeres & décriées, au prix que l'on en
paye aux particuliers qui les portent aux
Hostels des Monoyes.

ESCVS D'OR
à cinq liures onze sols six deniers.

VN	5. l. 11. sols 6. d.
Deux	11. l. 3. s.
Trois	16. l. 14. s. 6. d.
Quatre	22. l. 6. s.
Cinq	27. l. 17. s. 6. d.
Six	33. l. 9. s.
Sept	39. l. 6. d.
Huit	44. l. 12. s.
Neuf	50. l. 3. s. 6. d.
Dix	55. l. 15. s.
Onze	61. l. 6. s. 6. d.
Douze	66. l. 18. s.
Treize	72. l. 9. s. 6. d.
Quatorze	78. l. 1. s.
Quinze	83. l. 12. s. 6. d.
Seize	89. l. 4. s.
Dix-sept	94. l. 15. s. 6. d.
Dix-huit	100. l. 7. s.
Dix-neuf	105. l. 18. s. 6. d.
Vingt	111. l. 10. s.
Vingt-vn	117. l. 1. s. 6. d.
Vingt-deux	122. l. 13. s.
Vingt-trois	128. l. 4. s. 6. d.
Vingt-quatre	133. l. 16. s.
Vingt-cinq	139. l. 7. s. 6. d.
Vingt-six	144. l. 19. s.
Vingt-sept	150. l. 10. s. 6. d.

Vingt-huit	——	156. l. 2. ſ.
Vingt-neuf	——	161. l. 13. ſ. 6. d.
Trente	——	167. l. 5. ſ.
Trente-vn	——	172. l. 16. ſ. 6. d.
Trente-deux	——	178. l. 8. ſ.
Trente-trois	——	183. l. 19. ſ. 6. d.
Trente-quatre	——	189. l. 11. ſ.
Trente cinq	——	195. l. 2. ſ. 6. d.
Trente-ſix	——	200. l. 14. ſ.
Trente-ſept	——	206. l. 5. ſ. 6. d.
Trente-huit	——	211. l. 17. ſ.
Trente-neuf	——	217. l. 8. ſ. 6. d.
Quarante	——	223. l.
Quarante-vn	——	228. l. 11. ſ. 6. d.
Quarante-deux	——	234 l. 3. ſ.
Quarante-trois	——	239. l 14. ſ. 6. d.
Quarante-quatre	——	245. l 6. ſ.
Quarante-cinq	——	250. l 17. ſ. 6. d.
Quarante-ſix	——	255. l. 9 ſ.
Quarante-ſept	——	262. l. —— 6. d.
Quarante-huit	——	267. l. 12. ſ.
Quarante-neuf	——	273. l. 3. ſ. 6. d.
Cinquante	——	278. l. 15. ſ.
Cinquante-vn	——	284 l. 6. ſ. 6 d.
Cinquante deux	——	289. l. 18. ſ.
Cinquante-trois	——	295. l. 9. ſ. 6. d.
Cinquante-quatre	——	301. l. 1. ſ.
Cinquante-cinq	——	306. l. 12. ſ. 6. d.
Cinquante-ſix	——	312. l. 4. ſ.
Cinquante-ſept	——	317. l. 15. ſ. 6. d.
Cinquante-huit	——	323. l. 7. ſ.
Cinquante-neuf	——	328. l. 18. ſ. 6. d.
Soixante	——	334. l. 10. ſ.

Soixante-vn	340. l. 1. f. 6. d.
Soixante-deux	345. l. 13. f.
Soixante-trois	351. l. 4. f. 6. d.
Soixante-quatre	356. l. 16. f.
Soixante-cinq	362. l. 7. f. 6. d.
Soixante six	367. l. 19. f.
Soixante-sept	373. l. 10. f. 6. d.
Soixante-huit	379. l. 2. f.
Soixante-neuf	384. l. 13. f. 6. d.
Soixante & dix	390. l. 5. f.
Soixante & onze	395. l. 16. f. 6. d.
Soixante & douze	401. l. 8. f.
Soixante & treize	406. l. 19. f. 6. d.
Soixante & quatorze	412. l. 11. f.
Soixante & quinze	418. l. 2. f. 6. d.
Soixante & feize	423. l. 14. f.
Soixante & dix-fept	429. l. 5. f. 6. d.
Soixante & dix-huit	434. l. 17. f.
Soixante & dix-neuf	440. l. 8. f. 6. d.
Quatre-vingts	446. l.
Quatre-vingts vn	451. l. 11. f. 6. d.
Quatre-vingts deux	457. l. 3. f.
Quatre-vingts trois	462. l. 14. f. 6. d.
Quatre-vingts quatre	468. l. 6. f.
Quatre-vingts cinq	473. l. 17. f. 6. d.
Quatre-vingts fix	479. l. 9 f.
Quatre-vingts fept	485. l. — 6. d.
Quatre-vingts huit	490. l. 12. f.
Quatre-vingts neuf	496. l. 3. f. 6. d.
Quatre-vingts dix	501. l. 15. f.
Quatre-vingts onze	507. l. 6. f. 6. d.
Quatre-vingts douze	512. l. 18. f.
Quatre-vingts treize	518. l. 9. f. 6. d.

Quatre-vingts quatorze ——— 524. l. 1. s.
Quatre-vingts quinze ——— 529. l. 12. s. 6. d.
Quatre-vingts seize ——— 535. l. 4. s.
Quatre-vingts dix-sept ——— 540. l. 15. s. 6. d.
Quatre-vingts dix-huit ——— 546 l. 7. s.
Quatre-vingts dix-neuf ——— 551. l. 18. s. 6. d.
Cent ——————— 557. l. 10. s.
Deux cens ——————— 1115. l.
Trois cens ——————— 1672. l. 10. s.
Quatre cens ——————— 2230. l.
Cinq cens ——————— 2787. l. 10. s.
Six cens ——————— 3345. l.
Sept cens ——————— 3902. l. 10. s.
Huit cens ——————— 4460. l.
Neuf cens ——————— 5017. l. 10. s.
Mil ——————— 5575. l.

Eualuation des sommes justes en Escus d'or à 5. l. 11. s. 6. d.

POVR cinquante liures, il en faut huit, &
cinq liures huit sols de monoye.
Pour soixante liures ——— 10. & 4. l. 5. s. de m.
Pour soixante & dix liures 12. & 3. l. 2. s.
Pour quatre-vingts liures- 14. & 1. l. 19. s.
Pour quatre-vingts dix li. 16. & 16. s.
Pour cent liures ——— 17. & 5. l. 4. s. 6. d.
Pour deux cens liures —— 35. & 4. l. 17. s. 6. d.
Pour trois cens liures —— 53. & 4. l. 10. s. 6. d.
Pour quatre cens liures— 71. & 4. l. 3. s. 6. d.
Pour cinq cens liures — 89. & 3. l. 16. s. 6. d.
Pour six cens liures ——— 107. & 3. l. 9. s. 6. d.

Escus d'or à 5. l. 11. ſ. 6. d.　　7

Pour ſept cens liures ——— 125. & 3. l. 2. ſ. 6. d.
Pour huit cens liures ——— 143. & 2. l. 15. ſ. 6. d.
Pour neuf cens liures ——— 161. & 2. l. 8. ſ. 6. d.
Pour mil liures ——————— 179. & 2. l. 1. ſ. 6. d.

LOVIS D'OR

à dix liures quinze ſols.

VN ——————————————	10. l. 15. ſ.
Deux ———————————	21. l. 10. ſ.
Trois ———————————	32. l. 5. ſ.
Quatre ——————————	43.
Cinq ———————————	53. l. 15. ſ.
Six ————————————	64. l. 10. ſ.
Sept ———————————	75. l. 5. ſ.
Huit ———————————	86.
Neuf ———————————	96. l. 15. ſ.
Dix ————————————	107. l. 10. ſ.
Onze ———————————	118. l. 5. ſ.
Douze ——————————	129. l.
Treize ——————————	139. l. 15. ſ.
Quatorze ————————	150. l. 10. ſ.
Quinze ——————————	161. l. 5. ſ.
Seize ———————————	172. l.
Dix-ſept —————————	182. l. 15. ſ.
Dix-huit —————————	193. l. 10. ſ.
Dix-neuf —————————	204. l. 5. ſ.
Vingt ——————————	215. l.
Vingt-vn —————————	225. l. 15. ſ.
Vingt-deux ————————	236. l. 10. ſ.
Vingt-trois ————————	247. l. 5. ſ.
Vingt-quatre ———————	258. l.

Vingt-cinq	——	268. l. 15. ſ.
Vingt-ſix	——	279. l. 10. ſ.
Vingt-ſept	——	290. l. 5. ſ.
Vingt-huit	——	301. l.
Vingt-neuf	——	311. l. 15. ſ.
Trente	——	322. l. 10. ſ.
Trente-vn	——	333. l. 5. ſ.
Trente-deux	——	344 l.
Trente-trois	——	354. l. 15. ſ.
Trente-quatre	——	365. l. 10. ſ.
Trente-cinq	——	376. l. 5. ſ.
Trente-ſix	——	387. l.
Trente-ſept	——	397. l. 15. ſ.
Trente-huit	——	408. l. 10. ſ.
Trente-neuf	——	419. l. 5. ſ.
Quarante	——	430. l.
Quarante-vn	——	440. l. 15. ſ.
Quarante-deux	——	451. l. 10. ſ.
Quarante-trois	——	462. l. 5. ſ.
Quarante-quatre	——	473. l.
Quarante-cinq	——	483 l. 15. ſ.
Quarante-ſix	——	494. l. 10. ſ.
Quarante-ſept	——	505. l. 5. ſ.
Quarante-huit	——	516. l.
Quarante-neuf	——	526. l. 15. ſ.
Cinquante	——	537. l. 10. ſ.
Cinquante-vn	——	548. l. 5. ſ.
Cinquante-deux	——	559. l.
Cinquante-trois	——	569. l. 15. ſ.
Cinquante-quatre	——	580. l. 10. ſ.
Cinquante-cinq	——	591. l. 5. ſ.
Cinquante-ſix	——	602. l.
Cinquante-ſept	——	612. l. 15. ſ.

Cinquante

Cinquante-huit	———	623. l. 10. ſ.
Cinquante-neuf	———	634. l. 5. ſ.
Soixante	———	645. l.
Soixante-vn	———	655. l. 15. ſ.
Soixante-deux	———	666. l. 10. ſ.
Soixante-trois	———	677. l. 5. ſ.
Soixante-quatre	———	688. l.
Soixante-cinq	———	698. l. 15. ſ.
Soixante-ſix	———	709. l. 10. ſ.
Soixante-ſept	———	720. l. 5. ſ.
Soixante-huit	———	731. l.
Soixante neuf	———	741. l. 15. ſ.
Soixante & dix	———	752. l. 10. ſ.
Soixante & onze	———	763. l. 5. ſ.
Soixante & douze	———	774. l.
Soixante & treize	———	784. l. 15. ſ.
Soixante & quatorze	———	795. l. 10. ſ.
Soixante & quinze	———	806. l. 5. ſ.
Soixante & ſeize	———	817. l.
Soixante & dix-ſept	———	827. l. 15. ſ.
Soixante & dix-huit	———	838. l. 10. ſ.
Soixante & dix neuf	———	849. l. 5. ſ.
Quatre-vingts	———	860. l.
Quatre-vingts vn	———	870. l. 15. ſ.
Quatre-vingts deux	———	881. l. 10. ſ.
Quatre-vingts trois	———	892. l. 5. ſ.
Quatre-vingts quatre	———	903. l.
Quatre-vingts cinq	———	913. l. 15. ſ.
Quatre-vingts ſix	———	924. l. 10. ſ.
Quatre-vingts ſept	———	935. l. 5. ſ.
Quatre-vingts-huit	———	946. l.
Quatres-vingts neuf	———	956. l. 15. ſ.
Quatre-vingts dix	———	967. l. 10. ſ.

 Louïs d'or à 10. *l.* 15. *f.*

Quatre-vingts onze	———	978. l. 5. f.
Quatre-vingts douze	———	989. l.
Quatre-vingts treize	———	999. l. 15. f.
Quatre-vingts quatorze	———	1010. l. 10. f.
Quatre-vingts quinze	———	1021. l. 5. f.
Quatre-vingts seize	———	1032. l.
Quatre-vingts dix-sept	———	1042. l. 15. f.
Quatre-vingts dix-huit	———	1053. l. 10. f.
Quatre-vingts dix-neuf	———	1064. l. 5. f.
Cent	———	1075. l.

Eualuation des sommes justes, en Louïs d'or, ou Pistoles d'Espagne à 10. *l.* 15. *f.*

POVR cinquante liures, il en faut quatre, & sept liures de monoye.

Pour soixante liures	———	5. & 6. l. 5. f.
Pour soixante & dix liures	——	6. & 5. l. 10. f.
Pour quatre-vingts liures	———	7. & 4. l. 15. f.
Pour quatre vingts dix liures	——	8. & 4. l.
Pour cent liures	———	9. & 3. l. 5. f.
Pour deux cens liures	———	18. & 6. l. 10. f.
Pour trois cens liures	———	27. & 9. l. 15 f.
Pour quatre cens liures	———	37. & 2. l. 5. f.
Pour cinq cens liures	———	46. & 5. l. 10. f.
Pour six cens liures	———	55. & 8. l. 15. f.
Pour sept cens liures	———	65. & 1. l. 5. f.
Pour huit cens liures	———	74. & 4. l. 10. f.
Pour neuf cens liures	———	83. & 7. l. 15. f.
Pour mil liures	———	93. & 5. f.

E S C V S　B L A N C S
à cinquante-huit ſols.

VN	——————————	2. liures 18. ſ
Deux	——————————	5. l. 16. ſ.
Trois	——————————	8. l. 14. ſ.
Quatre	——————————	11. l. 12. ſ.
Cinq	——————————	14. l. 10. ſ.
Six	——————————	17. l. 8. ſ.
Sept	——————————	20. l. 6. ſ.
Huit	——————————	23. l. 4. ſ.
Neuf	——————————	26. l. 2. ſ.
Dix	——————————	29. l.
Onze	——————————	31. l. 18. ſ.
Douze	——————————	34. l. 16. ſ.
Treize	——————————	37. l. 14. ſ.
Quatorze	——————————	40. l. 12. ſ.
Quinze	——————————	43. l. 10. ſ.
Seize	——————————	46. l. 8. ſ.
Dix-ſept	——————————	49. l. 6. ſ.
Dix-huit	——————————	52. l. 4. ſ.
Dix-neuf	——————————	55. l. 2. ſ.
Vingt	——————————	58. l.
Vingt-vn	——————————	60. l. 18. ſ.
Vingt-deux	——————————	63. l. 16. ſ.
Vingt-trois	——————————	66. l. 14. ſ.
Vingt-quatre	——————————	69. l. 12. ſ.
Vingt-cinq	——————————	72. l. 10. ſ.
Vingt-ſix	——————————	75. l. 8. ſ.
Vingt-ſept	——————————	78. l. 6. ſ.
Vingt-huit	——————————	81. l. 4. ſ.

 Escus blancs à 58.ſ.

Vingt-neuf	84. l. 2. ſ.
Trente	87. l.
Trente-vn	89. l. 18. ſ.
Trente-deux	92. l. 16. ſ.
Trente trois	95. l. 14. ſ.
Trente-quatre	98. l. 12. ſ.
Trente-cinq	101. l. 10. ſ.
Trente-ſix	104. l. 8. ſ.
Trente-ſept	107. l. 6. ſ.
Trente-huit	110. l. 4. ſ.
Trente-neuf	113. l. 2. ſ.
Quarante	116. l.
Quarante-vn	118. l. 18. ſ.
Quarante-deux	121. l. 16. ſ.
Quarante-trois	124. l. 14. ſ.
Quarante-quatre	127. l. 12. ſ.
Quarante-cinq	130. l. 10. ſ.
Quarante-ſix	133. l. 8. ſ.
Quarante-ſept	136. l. 6. ſ.
Quarante-huit	139. l. 4. ſ.
Quarante-neuf	142. l. 2. ſ.
Cinquante	145. l.
Cinquante-cinq	159. l. 10. ſ.
Soixante	174. l.
Soixante-cinq	188. l. 10. ſ.
Soixante & dix	203. l.
Soixante & quinze	217. l. 10. ſ.
Quatre-vingts	232. l.
Quatre-vingts-cinq	246. l. 10. ſ.
Quatre-vingts-dix	261. l.
Quatre-vingts-quinze	275. l. 10. ſ.
Cent	290. l.
Deux cens	580. l.

Trois cens	—————	870. l.
Quatre cens	—————	1160. l.
Cinq cens	—————	1450. l.
Six cens	—————	1740. l.
Sept cens	—————	2030. l.
Huit cens	—————	2320. l.
Neuf cens	—————	2610. l.
Mil	—————	2900. l.
Deux mil	—————	5800. l
Trois mil	—————	8700. l
Quatre mil	—————	11600. l.
Cinq mil	—————	14500. l

Pour faire mille liures juſtes en pieces de cin-quante-huit ſols il en faut 344. & 48. ſ. ſans y comprendre les cinq ſols du ſac.

Par deux au jet il en **faut** 172. & 48. ſ.

Par trois au jet il en faut 114. deux deſdites pieces, & 48. ſ.

Par quatre au jet il en faut 86. & 48. ſ.

Sommes juſtes en pieces de cinquante-huit ſols, cy-deuant Eſcus blancs.

POVR faire cinquante liures, il en faut dix-ſept, & quatorze ſols.
Pour ſoixante liures ——— 20. & 2. l.
Pour ſoixante & dix liu. -- 24. & 8. ſ.
Pour quatre-vingts liures - 27. & 1. l. 14. ſ.

 Escus blancs à 58. *s.*

Pour quatre-vingts dix li. —— 31. & 2. s.
Pour cent liures —————— 34. & 1. l. 8. s.
Pour deux cens liures ———— 68. & 2. l. 16. s.
Pour trois cens liures ———— 103. & 1. l. 6. s.
Pour quatre cens liures —— 137. & 2. l. 14. s.
Pour cinq cens liures ——— 172. & 1. l. 4. s.
Pour six cens liures ——— 206. & 2. l. 12. s.
Pour sept cens liures ——— 241. & 1. l. 2. s.
Pour huit cens liures ——— 275. & 2. l. 10. s.
Pour neuf cens liures ——— 310. & 1. l.
Pour mil liures ————— 344. & 2. l. 8. s.

TARIF DV MARC D'OR
& d'argent , felon leurs diffe-
rentskarats, & l'Arreft du Con-
feil d'Eftat du 6. Feurier 1666.

*Marcs de Lys d'or, depuis dix Marcs
jufques à vn grain, à 399. l. le Marc.*

DIx Marcs valent ——— 3990. l.
Neuf Marcs ——— 3591. l.
Huit Marcs ——— 3192. l.
Sept Marcs ——— 2793. l.
Six Marcs ——— 2394. l.
Cinq Marcs ——— 1995. l.
Quatre Marcs ——— 1596. l.
Trois Marcs ——— 1197. l.
Deux Marcs (ou vne liure) — 798. l.
Vn Marc, ou 8. onces ——— 399. l.
Quatre onces ——— 199. l. 10. f.
Deux onces ——— 99. l. 15. f.
Vne once ou 8. gros ——— 49. l 17. f. 6. d.
Demie once, ou 4. gros ——— 24. l. 18. f. 9. d.
Deux gros ——— 12. l. 9. f. 4. d. m.
Vn gros ——— 6. l. 4. f. 8. d. ob.
Demy gros, ou 36. grains ——— 3. l. 2. f. 4. d. p.
Vn denier, ou 24. grains ——— 2. l. 1. f. 6. d. m.
Douze grains ——— 1. l. 9. d. ob.
Six grains ——— 10. f. 4. d. m.

Trois grains	5. ſ. 2. d. ob.
Deux grains	3. ſ. 5. d.
Vn grain	1. ſ. 8. d. m.

Marcs d'Efcus d'or legers, depuis dix Marcs jufques à vn grain, à 392. liu. le Marc.

DIx Marcs	3920. l.
Neuf Marcs	3528. l.
Huit Marcs	3136. l.
Sept Marcs	2744. l.
Six Marcs	2352. l.
Cinq Marcs	1960. l.
Quatre Marcs	1568. l.
Trois Marcs	1176. l.
Deux Marcs (ou vne liure)	784. l.
Vn Marc, ou 8. onces	392. l.
Quatre onces	196. l.
Deux onces	98. l.
Vne once, ou 8. gros	49. l.
Demie once, ou 4. gros	24. l. 10. ſ.
Deux gros	12. l. 5. ſ.
Vn gros	6. l. 2. ſ 6. d.
Demy gros, ou 36. grains	3. l. 1 ſ. 3. d.
Vn denier, ou 24. grains	2. l. 10 ſ.
Douze grains	1. l 5. d.
Six grains	10. ſ. 2. d. m.
Trois grains	5. ſ. 1. d. ob.
Deux grains	3. ſ. 4. d. p.
Vn grain	1. ſ. 8. d. ſ.

Marcs

Marcs de Pistoles d'Espagne legeres, depuis dix Marcs jusques à un grain, à 378. le Marc.

Dix Marcs ——————— 3780. l.
Neuf Marcs ——————— 340?. l.
Huit Marcs ——————— 3024. l.
Sept Marcs ——————— 2646. l.
Six Marcs ——————— 2268. l.
Cinq Marcs ——————— 1890. l.
Quatre Marcs ——————— 1512. l.
Trois Marcs ——————— 1134. l.
Deux Marcs, ou vne liure —— 756. l.
Vn Marc, ou 8. onces ——— 378. l.
Quatre onces ——————— 189. l.
Deux onces ——————— 94. l. 10. f.
Vne once, ou 8. gros ——— 47. l. 5. f.
Demie once, ou 4. gros —— 23. l. 12. f. 6. d.
Deux gros ——————— 11. l. 16. f. 3. d.
Vn gros ——————— 5. l. 18. f. 1. d. m.
Demy gros, ou 36. grains —— 2. l. 19. f. m. ob.
Vn denier, ou 24. grains —— 1. l. 19. f. 4. d.
Douze grains ——————— 19. f. 8. d. p.
Six grains ——————— 9. f. 10. d. f.
Trois grains ——————— 4. f. 11. d. &c.
Deux grains ——————— 3. f. 3. d.
Vn grain ——————— 1. f. 7. d. m.

Marcs de Piſtoles d'Italie legeres, depuis dix Marcs juſques à vn grain, à 372. l. le Marc.

DIx Marcs	3720. l.
Neuf Marcs	3348. l.
Huit Marcs	2976. l.
Sept Marcs	2604. l.
Six Marcs	2232. l.
Cinq Marcs	1860. l.
Quatre Marcs	1488. l.
Trois Marcs	1116. l.
Deux Marcs, ou vne liure	744. l.
Vn Marc, ou 8. onces	372. l.
Quatre onces	186. l.
Deux onces	93 l.
Vne once ou 8. gros	46. l. 10. ſ.
Demie once, ou 4. gros	2;. l. 5. ſ.
Deux gros	11. l. 12. ſ. 6. d.
Vn gros	5. l. 6. ſ. 3. d.
Demy gros, ou 36. grains	2. l. 1;. ſ. 1. d. m.
Vn denier, ou 24. grains	1. l. 1;. ſ. 4. d. m.o.
Douze grains	17. ſ. 8. d. ob. p.
Six grains	8. ſ. 10. d. p. ſ.
Trois grains	4. ſ. 5. d. ſ. &c.
Deux grains	2. ſ. 11. d. &c.
Vn grain	1. ſ. 5. d.m.

ARGENT.

Aussi depuis dix Marcs jusques à vn grain.

Marcs de Lys d'argent, à 25. liures 12. sols le Marc.

DIx Marcs	256. l. justes.
Neuf Marcs	230. l. 8. s.
Huit Marcs	204. l. 16. s.
Sept Marcs	179. l. 4. s.
Six Marcs	153. l. 12. s.
Cinq Marcs	128. l.
Quatre Marcs	102. l. 8. s.
Trois Marcs	76. l. 16. s.
Deux Marcs, ou vne liure	51. l. 4. s.
Vn Marc, ou huit onces	25. l. 12. s.
Quatre onces	12. l. 16. s.
Deux onces	6. l. 8. s.
Vne once (ou 8. gros)	3. l. 4. s.
Demie once ou 4. gros	1. l. 12. s.
Deux gros	16. s.
Vn gros	8. s.
Demy gros, ou 36. grains	4. s.
Vn denier, ou 24. grains	2. s. 8. d.
Douze grains	1. s. 4. d.
Six grains	8. d.
Trois grains	4. d.
Deux grains	2. d. m.
Vn grain	1 d. ob

Marcs de Quarts &y Reaux, à 24. liu. 5. fols le Marc.

Dix Marcs ———————— 242. l. 10. f.
Neuf Marcs ———————— 218. l. 5. f.
Huit Marcs ———————— 194. l.
Sept Marcs ———————— 169. l. 15. f.
Six Marcs ———————— 145. l. 10. f.
Cinq Marcs ———————— 121. l. 5. f.
Quatre Marcs ———————— 97. l.
Trois Marcs ———————— 72. l. 15. f.
Deux Marcs, 16. onces, ou
    vne liure ———————— 48. l. 10. f.
Vn Marc, ou 8. onces ——— 24. l. 5. f.
Quatre onces ———————— 12. l. 2. 6. d.
Deux onces ———————— 6. l. 1. f. 3. d.
Vne once, ou 8. gros ——— 3. l. --7. d. m.
Demie once, ou 4. gros — 1. l. 10. f. 3. d. m. o.
Deux gros ———————— 15. f. 1. d. m. o. &c.
Vn gros ———————— 7. f. 6. d. m. o. &c.
Demy gros, ou 36. grains — 3. f. 9. d. ob. p.
Vn denier, ou 24. grains — 2. f. 6. d. p.
Douze grains ———————— 1 f 3. d f.
Six grains ———————— 7. d. m. &c.
Trois grains, ———————— 3. d. m. &c.
Deux grains ———————— 2. d. m. &c.
Vn grain ———————— 1. d. ob.

Marcs de Teftons, à 23. liures 17. f. le Marc.

Dx Marcs ——————— 238. l. 10. f.
Neuf Marcs ——————— 214. l. 13. f.
Huit Marcs ——————— 190. l. 16. f.
Sept Marcs ——————— 166. l. 19. f.
Six Marcs ——————— 143. l. 2. f.
Cinq Marcs ——————— 119. l. 5. f.
Quatre Marcs ——————— 95. l. 8. f.
Trois Marcs ——————— 71. l. 11. f.
Deux Marcs, 16. onces ou
　　vne liure ——————— 47. l. 14. f.
Vn Marc, ou 8. onces ——— 23. l. 17. f.
Quatre onces ——————— 11. l. 18. f. 6. d.
Deux onces ——————— 5. l. 19. f. 3. d.
Vne once, ou 8. gros ——— 2. l. 19. f. 7. d. m.
Demie once, ou 4. gros ——— 1 . l. 9. f. 9. d. m ob.
Deux gros ——————— 14. f. 10. d. m. &c.
Vn gros ——————— 7. f. 5. d. ob. &c.
Demy gros, ou 36. grains —— 3. f. 8. d. m. p.
Vn denier, ou 24. grains —— 2. f. 5. d. ob.
Douze grains ——————— 1. f. 2. d. m. p.
Six grains ——————— 7. d. ob. &c.
Trois grains ——————— 3. d. m. p.
Deux grains ——————— 2. d. p.
Vn grain ——————— 1. d. femip.

Marcs de Francs d'argent, à 22. liures.

DIx Marcs ——————— 220. l.
Neuf Marcs ————— 198. l.
Huit Marcs ——————— 176. l.
Sept Marcs ——————— 154. l.
Six Marcs ——————— 132. l.
Cinq Marcs ————— 110. l.
Quatre Marcs ————— 88. l.
Trois Marcs ————— 66. l.
Deux Marcs, 16. onces ou
vne liure ————— 44. l.
Vn Marc, ou 8. onces ——— 22. l.
Quatre onces ————— 11. l.
Deux onces ——————— 5. l. 10. f.
Vne once, ou 8. gros ——— 2. l. 15. f.
Demie once, ou 4 gros — 1. l. 7. f. 6. d.
Deux gros ——————— 13. f. 9. d.
Vn gros ——————— 6. f. 10. d. m.
Demy gros, ou 36. grains — 3. f. 5. d. ob.
Vn denier, ou 24. grains — 2. f. 3. d. p.
Douze grains ————— 1. f. 1. d. m. f.
Six grains ——————— 6. d. m. ob. &c.
Trois grains ————— 3. d. ob. p.
Deux grains ————— 2. d p. &c.
Vn grain ——————— 2. d. femip.

F I N.

EXTRAIT DES REGISTRES
de la Cour des Monoyes.

VEv par la Cour, la Requeste à elle presentée par Sebaftien Cramoify Marchand Libraire Bourgeois de Paris, Imprimeur ordinaire du Roy, & feul Imprimeur de la Cour pour le fait des monoyes : Contenant que bien qu'il n'y ayt que le fuppliant qui puiffe & doiue imprimer toutes les Declarations du Roy, Arrefts de fon Confeil, Arrefts de la Cour & autres chofes concernant le fait des Monoyes, & que deffenfes foient faites à tous autres Imprimeurs Libraires & autres de rien imprimer concernant ledit fait fous les peines portées par lefdits Arrefts ; neantmoins certains quidans malueillans n'ont pas laiffé nouuellement d'imprimer l'Arreft de la Cour du douze Ianuier dernier, qui porte qu'il fera informé contre ceux qui fement de faux bruits pour empefcher l'execution des Declarations du Roy & Arreft de fon Confeil, portant reduction des monoyes, & le font publier par les ruës fans aucune datte fous le nom du Suppliant, ce qui eft contre fon honneur, & luy prejudicie grandement ; Et de plus que les nommez Cardin Befogne, M. Mettayer, & Antoine Cellier Imprimeurs fe font encore ingerez d'imprimer des Tarifs des Monoyes; ce qui eft contraire aufdits Arrefts, & grandement prejudiciable audit Suppliant. REQVEROIT qu'il pleuft à la Cour luy permettre de faire informer de la nouuelle impreffion dudit Arreft du douze Ianuier dernier faite fous fon nom, mefme d'obtenir & faire publier Monitoire en forme de droit pour auoir plus ample reuelation, pour ce fait & rapporté prendre par le Suppliant telles conclufions qu'il aduifera, & luy permettre de faire affigner en la Cour lefdits Befongne, Mettayer & Cellier, pour voir declarer encouruës alencontre d'eux les amendes portées par lefdits Arrefts, ou eftre condamnez en telles autres qu'il plaira à la Cour, auec deffenfes de recidiuer fous plus grandes peines & de punition. Et cependant de faire saifir & enleuer ce qu'il trouuera d'imprimé tant dudit Arreft que defdits Tarifs, mefme de faire emprifonner les Colporteurs, qui fe trouueront faifis dudit Arreft, pour fçauoir qui leur a donné à debiter lefdits imprimez d'Arrefts & Tarifs : & autres pieces attachées à ladite Requefte : Conclufions du Procureur General du Roy. Oüy le rapport du Confeiller à ce commis, tout confideré, LA COVR a permis & permet au Suppliant de faire informer des faits contenus en fa Requefte, circonftances & dépendances, pardeuant le Confeiller Rapporteur, mefme d'obtenir & faire publier Lettres Monitoires en forme de droit pour auoir plus ample preuue & reuelation, & faire affigner en icelle lefdits Befongue, Mettayer & Cellier aux fins de ladite Requefte ; & cependant permet audit Suppliant de faire faifir & enleuer ce qu'il trouuera d'imprimez defdits Arrefts & Tarifs entre les mains de tous Colporteurs. Fait en la Cour des Monoyes, le 4. Iuin 1666. Signé, HERARDIN.

Collationné à l'Original par moy Confeiller & Secretaire du Roy, Maifon & Couronne de France, & de fes Finances, Greffier en chef de la Cour des Monoyes.